U05401089

GOBOOKS
& SITAK
GROUP©

逃跑的勇氣

和田秀樹——著
高秋雅——譯

如果你極限到了卻無法逃離，
就去另一個自在的地方

高寶書版集團

前言

多年來作為精神科醫生，我常感到一個尤為明顯的問題：為什麼日本人在應該逃跑的時候，卻選擇不逃？

在臨床診療中，當病人向我訴說現狀的痛苦時，我總是第一時間告訴他們：「如果你不逃開，可能會被壓垮。」隨後，我會和他們一起討論該如何逃離。

我的主要診療對象是高齡患者，他們多數已經脫離職場或育兒的壓力，但也有不少人因為照顧配偶、父母，或是需要長期陪伴伴侶而筋疲力竭，最終來到我的診所。

遇到這種情況，我會告訴他們：「妻子並沒有義務在丈夫退休後全心照顧他。如果這讓你感到崩潰，可以嘗試分居，或者至少在白天離開家裡，讓自己稍微逃離這種環境，不然你可能撐不下去。」我也會告訴他們：「如果家庭照護已經到了極限，將親人送入護理機構並非錯誤的選擇。」

然而，很多人卻認為這樣的行為自私、不道德。他們在成長過程中形成了一套價值觀和道德規範，並認為堅持這些規範才能被認為是負責任的好人，甚至會贏得他人的尊敬。這固然沒錯，但若因此導致悲劇性結果，那麼這些堅持又有什麼意義呢？

在護理領域，早就存在一個名詞：共倒れ（一同倒下）。指的是護理者因全心全意照顧家人，結果自己患上憂鬱症、身體垮掉，甚至選擇自殺，導致被護理者也無法獲得適當的照顧。事實上，適時地從照護責任中抽身，不僅能讓護理者減輕負擔，也能避免被護理者得到更糟的對待。這樣的現象並不罕見。

當你感覺「已經不可能繼續了」，甚至還沒到這一步時，就應該學會靈活地逃跑。每當聽到因霸凌導致的自殺新聞，我都會想，為什麼他們無法逃離？指責施暴者很容易，但徹底消滅霸凌幾乎是不可能的。

對於受害者而言，選擇上課時去保健室、尋求校園心理輔導，甚至休學或轉學，其實是更簡單且負擔較小的解決方式。

令人不解的是，為什麼教師們沒有教導學生這些方法？

本書的靈感來自於以《被討厭的勇氣》聞名的阿德勒心理學理論，目的在幫助人們擁有「逃跑的勇氣」。

如果這本書能讓讀者感到輕鬆一些，或鼓勵大家勇敢選擇逃避，身為作者，我將深感欣慰。

目　錄
Contents

第二章　為什麼你無法逃跑？

第三章　逃跑的技巧

序章

遠離危險，立刻行動

你現在的精神狀態是否正承受著壓力？
身體是不是感到疲憊無力？
晚上睡不好，早晨也很難起床？
如果是這樣，那麼你有一件事必須馬上去做：

逃離現狀。

這是我希望本書傳達給你的唯一訊息。

無論多努力，事情未必能如願解決，特別是年紀越大，越能感受到這一點。

因此，沒必要總是勉強自己去解決所有問題。

但你是否能今天、明天、後天，每天不間斷地堅持這樣的努力？

你是否感覺自己正走在一條看不到盡頭的隧道裡？

要想活得輕鬆些，懂得如何調整步調是相當重要的。

人生就像馬拉松，如果全程一直用全力奔跑，最終只會筋疲力盡，無法到達終點。翻開這本書的你，可能已經感到：

「我快要撐不下去了。」

「我想逃開一切。」

「我想放棄。」

那麼，你究竟想從什麼事物中逃開？是父母、公司、上司、朋友、配偶，還是照護責任、疾病，抑或是當前的專案？

也許，你的身體和心靈早已在潛意識層面察覺到：你已經接近極限了。但另一個「你」卻在強迫自己不要逃避，壓抑了那份想要逃離的渴望。很多人即使知道船正在沉沒，也會選擇忽視或假裝沒看到，告訴自己「應該還撐得住」。

然而，你其實已經撐不住了。沒有人是完全喪失警覺能力的。你只是選擇假裝遲鈍，或者因害怕改變而不敢面對現實。畢竟，人天生就抗拒變化。

或許，你擔心逃避之後該怎麼辦，於是告訴自己「還能撐下去」。普世價值會讚揚那些不輕易吐露弱點、堅持忍耐的人，稱他們是「了不起」、「有毅力」、「意志力強」，甚至被讚譽為擁有高度的「堅韌力」。

這樣的讚美會激起人的認可需求，進一步推動你過度努力，甚至超越自己的極限。

但請注意，那些曾讚美你的人，在你無法滿足他們期待時，可能會瞬間轉變為責備與敵意。

期待會轉化為對你的憤怒，最終變成指責你的理由。

逃避，其實需要極大的勇氣。然而，作為一名精神科醫生，我想告訴你：如果你感到痛苦，不要忍耐，不要猶豫，請立刻逃開！

有時，選擇維持現狀或不採取行動，可能會導致致命的後果。

在沒有氣體探測器的時代，礦坑中有一種不可或缺的存在，那就是金絲雀。

金絲雀對氣味極為敏感，即使是對人體無害的微量有毒氣體，也能迅速察覺。當環境危險時，它們會停止鳴叫、昏迷，甚至失去生命。

正是憑藉金絲雀的危險察覺能力，許多礦工的生命得以拯救。金絲雀以自身為代價，向人們發出「快逃！」的警告。然而，如果你猶豫不決，認為「還可以撐一會兒」，就可能在礦坑中喪命。

作為精神科醫生，我一直感到疑惑：為什麼在日本，沒有人教導我們如何逃避呢？

這或許可以歸因於戰時的軍國主義所帶來的深遠影響。

在其他國家，撤退被視為避免無謂爭鬥的策略，甚至被稱作「勇敢而偉大的選擇」。如果成年人能正確地教導孩子逃跑的重要性，那麼近年來那些令人心痛的悲劇或許就能減少了吧。

例如，許多因校園霸凌而選擇自殺的人，如果知道可以選擇「逃跑」，或許悲劇就不會發生。在學校裡，從未有人教我們「不需要逞強」這件事。孩子們喜歡的戰隊英雄，總是以打敗敵人為目標，他們「永遠」都在戰鬥。

把「總是」當成口頭禪時，就容易陷入「我總是失敗」、「我永遠都必須戰鬥」、「我總是輸，因為我是個軟弱無能的人」這樣的固定思維，並被這些先入為主的想法所支配。久而久之，這些觀念會不斷強化負面的自我評價：「我永遠做不好，我就是個失敗者。」

成年人本身就從未學會「逃跑的技術」，因此他們自然也無法教導孩子如何逃跑。但這並不意味著我們可以忽視學習保護自己、掌握逃避的技術。

人類其實比自己想像的還要脆弱。

我們往往會說「我沒問題」、「我還可以撐下去」，而未察覺自己的極限，拚命強撐到某一天突然崩潰，感到：「我想死」、「活著好累」、「我想消失」。

活著，就是贏家

我們絕不能讓悲劇繼續增加。像寶塚歌劇團年輕女團員的猝死、甲南醫療中心專科醫師因過勞自殺、以及廣告巨頭電通的新進社員過勞自殺等，這些令人痛心的事件，已經足夠讓人警醒。

在電通新進社員的求職履歷中，她在自我推薦欄寫下：「我能承受逆境帶來的壓力。」而她的母親在回憶錄中寫道：「如果當時我能更堅決地勸她辭職該多好。身為母親，我為什麼沒能拯救自己的女兒？這一切讓我只有無盡的悔恨。」

然而，因為當事人相信（或說想要相信）自己「沒問題」，那麼周圍的人再怎麼強烈勸說，也無法確定這些話是否真正傳達到她心裡。

在這個案例中，當事人也曾在社交媒體上分享她的困擾，但大多數情況下，人們為什麼會堅信自己「還可以撐下去」呢？

另外，當有人已經接近崩潰的邊緣時，身邊的人應該如何提供支持？

這些問題，本書也會詳細探討。

在日本，雖然《家庭暴力防治法》和《職場霸凌防止法》等法律相繼實行，並且為減輕護理負擔逐步建立起社會安全網，但這些措施仍在完善之中。

然而，如果你不主動發聲，沒有人會對你說「快逃吧！」也沒有人會幫助你跨出這一步。

能真正保護你的，只有你自己。

無論是父母、公司、國家，甚至像我這樣的醫生，都無法代替你保護自己。

你不需要硬撐。

首先，了解自己為什麼無法逃跑；其次，擁有逃跑的勇氣；最後，學會逃跑的技巧。

本書將以精神科醫生的視角，與你探討這些議題：

在第一章，我們會解釋「什麼是逃跑」。

在第二章，剖析為什麼你必須馬上逃跑，並揭示阻礙的根源。

在第三章，分享許多人從未學過的「逃跑技巧」。

最後的第四章，我們將總結如何幫助那些想逃卻無法逃的人，提供周圍的人可以採取的支持方式。

只要活著，就已經是贏家了，至少你還有機會迎接下一場挑戰。逃跑，能幫助你從許多困境中保護自己。

選擇逃跑，能讓生活輕鬆一些。

請從「不能偷懶」、「一定要努力」這些思維的束縛中解放出來。偷懶沒有錯，輕鬆的生活往往更快樂。

從讓你痛苦的地方逃離，選擇一條更適合自己的道路，盡情享受屬於你的人生。

希望這本書能讓你意識到「逃跑」也是一種選擇，幫助你從「我無法逃避」這種自我設限中解脫。這是我最衷心的願望。

第一章　什麼是「逃跑」？

為什麼我們總是覺察不到自己的努力？

那些一路以來都在努力生活的人，往往很難意識到自己其實已經非常努力了。在身心科診所，醫生通常會這樣對患者說：

「不用再這麼勉強自己了，真的沒關係。」

「你已經付出了足夠多的努力，心靈和身體都感到疲憊了。要不要試著放下這份執著呢？」

「學會不去勉強自己，這也是一種努力。」

「你不需要非得堅持到最後。如果覺得太痛苦了，隨時可以放手，別再勉強自己。」

「從那些讓你痛苦的地方，立刻逃離。而逃跑所需要的，只是一點點勇氣。」

「選擇不再勉強自己，本身也是一種勇氣。有時候，我們需要的是放下的勇氣。」

「這世上沒有什麼比生命更重要的。只要活著，就已經是勝利。而能守護你的，只有你自己。」

我在臨床中也常這麼說。

我的工作，是幫助你找到「逃離的契機」。讓你明白，「逃跑」其實是你一直擁有的選擇。

當患者意識到「逃跑」其實是一個選項時，往往會感到驚訝：「咦，我真的可以不用再勉強自己嗎？」、「我真的可以選擇逃避嗎？」之所以驚訝，是因為過去他們從未認為「逃跑」是一個可以考慮的選擇。

即便已經到了極限，他們依然以為自己還能繼續跑下去。但事實是，你的「引擎機油」早已耗盡，如果繼續勉強自己前行，只會導致引擎燒毀，徹底無法運作。

逃跑，其實是一種積極的策略

大多數人對「逃跑」這個詞都有負面的印象。

逃跑的人往往會被貼上許多貶義標籤，例如：「落伍者」、「失敗者」、「懦弱」、「沒骨氣」、「卑鄙」、「狡猾」、「自私自利」、「嬌氣」、「任性」、「不夠努力」、「缺乏忍耐力」、「推卸責任」……這些批評隨之而來。

甚至有人會對你說：「比你處境更艱難的人還在努力奮鬥，你憑什麼逃跑？」

在當今社會，心理健康出現問題、抗壓性較低，或是自我價值感低落、容易陷入低潮的人，常被冠上「精神病」或「玻璃心」之類的稱呼。

當人們用這些詞語自嘲時，或許只是一種玩笑般的調侃；但用來形容他人時，卻也經常帶著輕浮隨意的語氣。然而，許多時候我們會發現，這些話語並非總能一笑置之，往往會無意間造成更深的傷害。

我想傳達的是，「逃跑」其實有更深刻的意義，而這可以用以下幾個詞語來更準確地表達。

逃跑，意味著——

移動到適合自己的環境，讓自己能夠自在地生活。

逃跑，意味著——

給自己一段時間，整理內心的情緒與想法。

逃跑，意味著——

保護自己，免受他人傷害。

逃跑，意味著——

不再靠近那些可能帶來負面影響的人或事。

逃跑，意味著——

為了保護生命，選擇與對方保持距離。

逃跑，意味著——

為了重新制定策略，勇敢地選擇退一步。

也就是說，只是目前的環境或處境不適合你而已。

當對方對你發起攻擊時，這正是你應該選擇不戰而退、果斷逃離的時候。

所有生物都有適合自己的棲息地。沒有水的地方，魚無法生存；如果將魚丟到陸地上，它們很快就會窒息而亡。

人類也是一樣，選擇適合自己的環境生存很重要。

從個體角度來看，每個人適應的環境應該是有所不同的。然而，問題在於，人類即使身處不適合自己的環境，往往也能勉強忍受，表面上看似還能過得去，這才是令人困惑的地方。

如果你感覺「這個環境不適合我」，那麼立即轉移到更契合自己的環境才是關鍵。

否則，就像魚被困在陸地上一樣，你最終可能會窒息而亡。

如果你感到「生活艱難」，那麼，為了守護自己的生命，現在就應該移動到一個更適合自己的環境中。

逃避其實是改變環境的一種方式，它需要極大的勇氣，但這是一個非常積極的選擇。

「鼓起勇氣，立刻逃離讓你痛苦的地方吧。」

「不勉強自己，也是一種勇氣。有時候，我們需要的是不再逞強的勇氣。」

至今為止，有沒有人曾經對你說過：「逃走吧」？如果從未有人推你一把，那麼，現在就由我來推動你。

逃跑不是懦弱，而是一種正向的選擇。

話說，什麼是「逃跑」？

「逃跑」就是避開危險。從受限或危險的地方抽身，遠離那些威脅。主動、有意識地遠離麻煩事、不喜歡的事、痛苦的事，甚至危險的情境。將自己撤退到安全、安心的地方，避免直面危險，這是一種非常正確的行為。你不覺得，這對於活下去來說，是一件極為重要的事嗎？

無論是童軍、登山家，還是從事危險作業的工人，他們都被教育如何快速察覺並迴避危險，因為這是保命的關鍵。

生命的價值高於一切，經濟損失從來都比不上生命的重要性。這世上，沒有什麼比生命更珍貴。

或許你聽說過「海恩里希法則」。這一法則分析了工傷事故的發生比率：每一起重大事故的背後，通常已有二十九起輕傷事故和三百起無傷但險象環生的「險情」發生。

不禁想問，在過去的生活中，你經歷過多少次這樣的險情？這些微小的險情，就是提醒我們，如果不及時處理，終將演變成無法挽回的重大事故。

當我們面對危險時，身體會因感知到不安或恐懼，為了適應環境而產生各種生理反應。交感神經進入主導狀態時，身體會出現血壓升高、出汗、口乾、心悸、呼吸急促、肩膀僵硬、疲倦等症狀。這些都是為了自我防衛而產生的正常壓力反應。

當我們承受強大的精神壓力時，這些情緒壓力往往會以這樣的身體症狀呈現出來。

特別是處於憂鬱症初期的人，他們更常表達的是身體上的不適，而非直接的心理感受。例如，比起說「我很不安」、「我很憂鬱」，他們更可能訴說「我很累」、「我全身無力」、「我睡不好」、「我沒胃口」這類模糊的身體症狀。

自己是否患上了適應障礙？

如果你感到身體無力，不想去學校或職場；或者晚上難以入睡，早晨難以起床……這些對日常社會生活造成影響的狀態，可能就是所謂的「適應障礙」或「壓力性障礙」。

請檢視自己是否已出現以下的症狀：如果你在這些項目中符合的情況較多，那麼很可能代表你正處於無法適應當前環境的狀態。

身體的不適症狀

☐ 睡不著

☐ 嗜睡（總是感到非常疲倦想睡）

☐ 疼痛（如頭痛、肩膀痠痛、胃痛、腹痛等）※1

☐ 心悸

☐ 頭暈

☐ 食慾下降

☐ 暴飲暴食

☐ 暴食後嘔吐

☐ 壓力性胃炎

☐ 全身無力（倦怠感）

精神的不適症狀

- □ 意志力或專注力下降
- □ 注意力不集中
- □ 感到焦慮不安
- □ 情緒低落
- □ 總是處於緊張狀態
- □ 感到焦躁不安
- □ 充滿絕望感
- □ 易怒或煩躁
- □ 神經敏感過度
- □ 感覺抑鬱
- □ 動不動就想哭
- □ 喪失興趣或無法感到快樂
- □ 負面思考 ※2
- □ 過度自責 ※3

日常生活與社會功能中出現的症狀

- ☐ 遲到、缺勤、早退
- ☐ 拒絕上學
- ☐ 無法上班
- ☐ 過度飲酒或沉迷賭博
- ☐ 夫妻關係不和
- ☐ 無節制地揮霍金錢
- ☐ 不想見人、迴避社交

被社會利用的自責思維

關於適應障礙的檢查項目，以下是一些補充說明：

※1「疼痛」：疼痛若選擇忍耐，反而會讓痛感越發強烈。長期忽視疼痛可能導致慢性疼痛，進一步誘發過度敏感的狀態，甚至演變為難以治癒的疾病。這種情況會讓疼痛變成「治療無效」的頑固症狀。

即使疼痛的根本原因已被移除，但疼痛的記憶仍會在腦中殘留，讓人持續感受到疼痛。因此，千萬不要試圖忍耐疼痛，而應及早尋求解決方法。

※2「負面思維」：負面思維指的是總是往壞的方向思考，例如：「反正我一定會失敗」、「我一無是處」。這種習慣性的消極想法，常見於完美主義者身上。

因此，在認知療法中，並不會強行將負面思維轉化為正面思維。相反，我們選擇保留這些負面的想法，並同時探索其他可能的視角與解決方式。

※3「自責思維」：所謂自責思維，是指在遇到問題時，傾向於將責任歸咎於自己，而非他人。

具有自責思維的人通常表現為：認真負責、做事一絲不苟，追求完美，但同時也容易陷入消極思考，自我肯定感較低。然而，這些人往往擁有自省能力，能從錯誤中反思並積極改善。與此同時，他們對於自己參與的計畫抱有高度的責任感，願意虛心接受批評，展現出靈活性與強烈的成長意願。

棘手的是，在商業世界中，自責思維往往比其他思維方式更受到推崇和重視。

自責思維真的那麼值得推崇嗎？

擁有強烈自責思維的人，犯錯後往往會努力避免重蹈覆轍，變得更加謹慎，並試圖改進方法。這樣的特質能帶來成長的機會，但如果過度，便容易造成壓力過大。每當事情進展不順時，他們會不斷從自己身上找原因，進一步讓自己陷入精神壓力的深淵。當對自我評價過於苛刻時，他們容易因為長期積累的壓力而感到精神疲憊。

自責思維的另一個問題是，它會讓人習慣於獨自承擔所有責任，並相信一切問題都必須靠自己來解決。這種「自我包辦型」的思維使他們不善於報告或尋求幫助，也難以向他人傾訴。這樣的人通常優秀，但同時也帶有頑固的一面。

- 聰明（如學歷高、成績優異等）
- 對自己的意見充滿自信
- 不與他人商量
- 以自我為中心
- 執著心強
- 過去擁有很高的問題解決能力
- 不傾聽別人的意見
- 不依賴他人／無法依賴他人
- 常自行解讀情況或作出獨斷的決策

形成這種「自我包辦型」的原因，除了先天性格之外，還有一個共通點——不信任他人。他們認為，與其依賴他人，不如自己處理效率更高且不浪費時間；同時，也不希望自己的行動和思考方式受到干涉或影響。

這類型的人若擔任領導者，往往會突然將工作丟給你。如果你對此感到手足無措，便可能被評價為「能力不足」或「不夠聰明」，讓人感到非常棘手。

他們的攻擊行為背後，通常根源於自身的自卑心理，是對自身弱點的反射。「你不聰明」這樣的評價，往往正是他們最害怕自己被貼上的標籤。

另一方面，「他責型」性格的人，因缺乏當事者意識，傾向於認為「這不是我的錯」或「與我無關」，因此較不容易累積壓力。

他們擅長觀察周圍情況（好聽點說是看大局），以客觀的角度分析事情，並熟練地為自己開脫，證明「這不是自己的責任」。

雖說這樣的行為可能顯得有些取巧，但自責與他責兩種思維模式在內心中取得平衡，才是最重要的課題。

遠離壓力源，半年內狀況就能改善

根據美國《精神疾病診斷與統計手冊》（DSM-5）的說明，先前提到的「身體不適」、「精神不適」以及「日常生活與社會功能中的症狀」通常會在壓力因子（壓力源）出現後的三個月內開始浮現。

例如，如果你在四月入職的新公司環境不適合你，那麼這些症狀可能會在六月底前逐漸顯現。

然而，如果能夠選擇遠離這些壓力因子（保持距離或完全脫離），那麼在六個月內，這些狀況多數會得到改善。

如果出現以下情況，請注意危險信號：

「即使已經遠離壓力因子，心情依然無法好轉。」

「無論做什麼都感受不到樂趣。」

當我們無法遠離那些造成壓力的事物、人或環境時，症狀往往難以改善。相反地，如果能夠巧妙地避開自己不擅長的事，專注於擅長的領域，不僅有助於恢復健康，還可能讓你在工作中被視為「能幹的人」。

然而，倘若始終不肯逃避那些讓你感到痛苦的事物，適應障礙不僅不會改善，還可能惡化並持續存在。根據症狀的種類及嚴重程度，有時甚至需要考慮以下三種疾病的可能性，並重新進行診斷。

憂鬱症

有些人比其他人更容易罹患憂鬱症，他們通常具有以下特質：嚴謹認真、追求完美、對自己要求嚴格、執著、過度在意他人感受等。

他們思考的內容多半是消極的，長時間思索後，往往會陷入負面循環。

這些思考通常圍繞著無解的問題，例如：「既然最終都會死去，那為什麼還要活下去呢？」

當人處於脆弱狀態時，這類無解的問題容易反覆出現在腦海中，讓人更加痛苦。

焦慮症

適應障礙通常有明確的壓力來源，而焦慮症則不同，它缺乏清晰的對象，患者會對各種事情感到過度擔憂。這種不安會接二連三地出現，甚至擴大到生活中的各個方面，讓人難以控制。

身體症狀

壓力可能會以各種方式表現在身體上，例如：疲倦感、容易感到疲累、頭痛、暈眩、呼吸困難、咳嗽、胸悶、心悸、顫抖、冒汗、腹痛、腹瀉、低燒，甚至莫名地流淚不止等。

有些在工作中表現卓越、備受肯定的人，往往是因為他們專注於自己擅長的領域，並以高品質完成相關工作。至少，為了避免陷入適應障礙，我們應牢記一點：「從自己不擅長的事中撤退」是非常重要的策略。

逃避，是為了生存

我們經常理所當然地用「加油」來為他人打氣：

「撐住！」

「不到最後絕不放棄！」

「半途而廢可不行！」

當你面臨挫折時，是否也曾聽過類似的勸慰？

但恐怕沒有人會對你說：「如果覺得太難，逃跑也沒關係。」

我們總是習慣用「加油」來傳遞鼓勵和支持，卻很少有人願意坦誠地告訴你：「逃避也是一種選擇。」

當我們被鼓勵時，往往會脫口而出：「好的，我會努力！」但請先停下來，稍微想一想，再說出這句話。

日文中的「努力」以漢字寫作「頑張る」，《廣辭苑》對此詞有三種主要解釋：

①固執己見，堅持己意。

②不斷忍耐，努力到底。

③堅守某個位置不移。

細究這些解釋，「堅持己意」、「忍耐到底」、「佔據某處不動」看起來都不算是十分正面的涵義。

另一方面，日本建築術語中，「逃げ」也被稱為「遊び」，在台灣營造業界常念作「阿縮比」，意為「裕度」。這指的是在結構設計中，為了吸收施工誤差或應對可能的不確定性，特意預留的一種活動空間或彈性範圍。

透過在結構設計中預留「間隙」與「裕度」，當木材等建材因溫差或濕度而產生細微變形時，這些預留的空間能吸收誤差，確保建築的穩定性。正因為有了這些間隙，建築的完成度才能顯著提升。

換句話說，在建築領域裡，沒有「逃げ」的設計並不能稱為完美。

同樣地，汽車的方向盤與煞車系統中也設計了「裕度」。

如果方向盤沒有任何「裕度」，路面的些許凹凸就會直接影響輪胎並傳遞至方向盤，使車輛難以穩定直線行駛，這是非常危險的。

而方向盤和煞車的「裕度」，可以避免輕微的操作導致車輛立即轉向或急停，從而提高行駛的安全性。即使遇到凹凸不平的路面，也因為有「裕度」，方向盤較不容易受到影響。

像F1這樣的賽車，方向盤中是沒有「裕度」的。因為要在既定的賽道上以最快速度抵達終點，如果設計中存在「裕度」，就無法取得勝利。

不過，雖然速度極快，但掌控方向盤的車手卻必須在整場比賽中時刻保持高度緊繃，不能有絲毫放鬆。稍有懈怠，就可能付出生命的代價，這是一場極其殘酷的競賽。

我們的人生，其實與此完全相同。

當下的你，也許正處於無法放鬆一刻、連續緊繃的狀態。而「逃避」與「裕度」，正是我們在生活中不可或缺的重要戰術。

在講究效率與速度的現代社會中，許多人一旦進入組織，就很難找到逃離的機會。例如，人事評價制度的不公，或是被指派陌生且無法請教他人的業務，讓人倍感壓力與無助。

這種情況通常被稱為「雙重束縛」（Double Bind），這是一位美國精神科醫生格雷戈里·貝特森（Gregory Bateson）提出的理論。

「雙重束縛」指的是，當一個人接收到兩個相互矛盾的要求或信息時，無論選擇哪一個，都會感到罪惡感或不安的心理壓力狀態。

例如，上司對你說「有不懂的事情就問」，但當你真的提出問題時，卻被批評「這種小事應該自己想辦法解決」。又或者，上司要求「獨立思考，自己行動」，但當你自主行動後，卻被責備「怎麼能不經請示就擅自行動」。這種上司的態度讓人進退兩難，充滿矛盾。

在這樣的上司或公司環境下，無論你多努力，都無法保全自己。與其選擇硬碰硬，不如明智地在身心崩潰之前果斷撤離，這才是最好的選擇。

根據令和四年（針對平成三十一年畢業生）的數據，新進入職場的大學畢業生中，約有三分之一（31.5%）在三年內離職。

影響離職率的主要因素包括工作內容、待遇以及人際關係這三個方面。如今隨著職場轉職服務的普及，可以說「容易逃離的環境」已經逐漸成型。

第二章　為什麼你無法逃跑？

允許自己脆弱，釋放壓抑的情感

即使有人告訴你「可以示弱」，但若缺乏能夠安心表達的環境，這句話依然難以實現。尤其是那些承受著第一章中提到的「雙重束縛」心理壓力的人，更是難以開口。

二〇二四年播出的NHK晨間劇《如虎添翼》第十五集中，劇中主角猪爪寅子（以日本首位女性高等文官試驗司法科合格者、首位女性法院院長三淵嘉子為原型）說出了一段這樣的話：

「大家都感到痛苦的話，我反而覺得更應該坦率地吐露自己的弱點。雖然這並不能真正解決什麼，但至少我希望成為一名能夠接受這樣的自己、也能接納他人脆弱的律師，為他們提供一個安心的歸屬。」

她的這句話，讓在場的女性們紛紛敞開心扉，說出了自己的心聲與壓抑已久的痛苦。

或許現在的你，正因為覺得「反正說了也無濟於事」而猶豫是否要吐露自己的脆弱。

所以重點就是：不要讓自己陷入「習得性無助」的泥沼。

美國心理學家馬汀．塞利格曼曾提出「習得性無助」的概念，並透過對犬隻的實驗加以證實。這種現象是指，當人處於困難的情境中，反覆經歷挫敗後會認為自己「無能為力」、「改變不了現狀」，最終形成一種被學習的無助感和認知模式。

俄國文豪杜斯妥也夫斯基的晚期作品《地下室手記》中曾提到，人類能夠忍受的最殘酷的折磨，莫過於「不斷地挖土，然後再把挖出的坑填回去」這樣無意義的反覆勞作。

心理學家塞利格曼則提出，人類的幸福來源可以歸結為五個要素：「成就感」、「快樂」、「專注」、「良好的人際關係」，以及「意義」。其中，第五個要素「意義」是指，人們感到自己所做的事情是有價值的，並且對他人有所貢獻。

人類對於無意義的事情幾乎無法忍受。如果當下的行為讓你感覺毫無價值與意義，那麼很難稱其為幸福。

作為一名精神科醫生，我希望建立一個讓人能夠坦然吐露心聲的社會，一個即使有人流露脆弱，也能被接納與傾聽的環境。這正是我選擇這份職業的意義所在。

無法吐露脆弱的四種恐懼

心理學中有一個術語叫「心理安全性」（Psychological Safety）。這一概念由組織行為學研究者艾美・艾德蒙森（Amy Edmondson）教授於一九九九年在論文中提出，主要用於描述一種環境，尤其是在職場中，即便開口表達自己的想法，也不會破壞人際關係或遭受懲罰。

「現在開口說話可以嗎？」

「問這樣的問題會不會惹麻煩？」

這樣的不安，其實每個人都會有。

無論是為了提升生產力，還是建立更舒適的工作環境，「心理安全性」都是不可或缺的因素。而且，不僅限於職場，在家庭環境中也同樣重要。

為什麼心理安全性不足，會引發不安呢？針對這一點，艾德蒙森教授提出了以下四個原因：

1 害怕被認爲「無知」的恐懼

害怕別人覺得自己什麼都不懂，因此無法放心地提問或尋求建議。特別是在職場中，擔心無法滿足公司對自己的期望，導致喪失歸屬感，這種不安總是揮之不去。

2　害怕被認爲「無能」的恐懼

「你是不是理解能力不行？」、「頭腦是不是不好？」這樣的評價，往往令人感到恐懼。尤其是那些在學業或能力上表現突出的人，更難以坦率地說出「我不懂」。

此外，若是在一個犯錯後可能面臨責備或懲罰的高壓環境中，許多人往往會選擇隱瞞錯誤，而不願向上司如實報告。這樣的隱瞞只會讓問題逐漸擴大，直到演變成重大危機時才被揭露。這種情況經常出現在政治圈和大企業的醜聞掩蓋事件中。而那些能力出眾的人，往往更容易深陷於這種不安。

3　害怕被認爲「礙事」的恐懼

對話本來應該是一個過程，充滿迂迴和探索。人們會透過提問和討論，釐清模糊之處，逐步推進事情的進展。

但當有人提出問題時，有些人卻會直接斥責：「這麼簡單的事情都不懂嗎？」這樣的反應會讓提問者感到羞恥，從而不敢再提出問題。結果就是，人們帶著未解的疑問繼續工作，甚至可能因此埋下隱患，導致更大的麻煩。

4 害怕被認爲帶有「負面情緒」的恐懼

試圖向他人指出改進的地方或存在的問題時，有些人會強烈反駁，急於證明自己的正當性，甚至感覺受到了批評而憤怒起來。在這種情況下，指正者往往會感到難以再繼續發言，只能選擇沉默。

結果是，那些需要改進的地方和潛在問題被忽視或擱置，最終導致問題逐漸惡化。正如所謂的「一件重大事故背後，隱藏著三百件未遂事故」，這樣的機制最終可能引發不可挽回的重大事件。

如何消除逃跑帶來的負面影響

如果逃得不夠巧妙，可能會對他人造成困擾。

如同第一章中提到的，逃跑者常被冠以落伍者、失敗者、懦弱、缺乏毅力、卑鄙、自私自利、任性、嬌氣、我行我素、不夠努力、缺乏忍耐力、推卸責任等負面標籤。

因此，在準備逃跑之前，常常會浮現以下擔憂：

「會不會變得不好意思與他人見面？」

「會不會遭到攻擊或批評？」

「會不會因此被排斥？」

「可能會在背後被說閒話」

「可能會被霸凌」

「可能沒辦法馬上找到下一份工作」

「可能又被說那傢伙耍小聰明找藉口不上班」

正是因為害怕這些情況真的發生，許多人過於擔憂逃跑是否會損害自己的利益，最終選擇繼續忍耐。

當然，逃跑本質上是為了自己，但選擇一種不給他人帶來困擾的方式非常重要。

如果你的逃跑被視為「自私的逃跑」，這可能會對你造成不利影響。因此，關於如何巧妙地逃跑，我會在第三章進一步探討。

壓力來襲時的共通反應

壓力因子被稱為「壓力源」，它的種類多種多樣，大致可以分為以下幾類：

- 物理性壓力源：如高溫、低溫、噪音、擁擠等環境因素。
- 化學性壓力源：如污染物質、缺氧或過氧的情況、藥物影響等。
- 生物性壓力源：如花粉、病毒、灰塵等。
- 生理性壓力源：如炎症、疾病、飢餓、妊娠、蛀牙、感染等身體狀況。
- 心理和社會性壓力源：如人際關係的衝突、社會行為中的責任，以及對未來的不確定性和憂慮等。

不論壓力源的形式為何，生理學家漢斯・塞利（Hans Selye）提出，人體在面對壓力時會經歷「一定的反應過程」。

當人體突然暴露於壓力源時，首先會進入休克狀態（稱為「休克階段」，可參見下頁圖表）。表現出血壓降低、血糖下降、肌肉緊張度減弱等生理反應。這一階段通常持續數小時至一天。

接著，人體從休克狀態中恢復，開始啟動針對壓力的適應反應。此時，血壓和血糖水平均會上升，出現與休克階段相反的反應，可能伴隨頭痛、眩暈、肩頸僵硬、胃痛或腹瀉等症狀。

在這一階段（②適應及抵抗階段），身體針對壓力源的抵抗力逐漸增強。壓力源與抵抗力之間達到短暫的平衡，身體呈現穩定狀態。若能在此時移除壓力源，例如採取「逃避」行動，身體則能有效從壓力狀態中恢復，重新獲得健康。

然而，如果在抵抗階段中耗費過多能量，未能及時遠離壓力源，最終將突

壓力反應的階段性變化

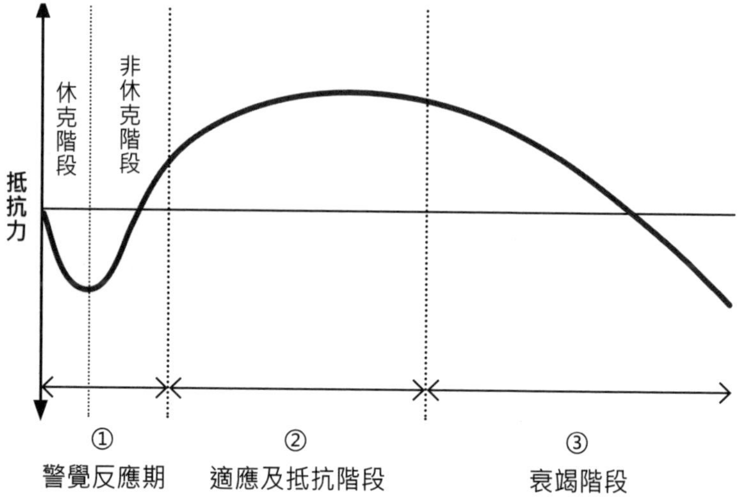

一般適應症候群 (GAS) 的階段性過程（根據鈴木・濱氏的 2001 年研究進行部分改編）

破身體極限，導致更加嚴重的身心損耗。

行動層面的反應可能表現為專注力下降、飲酒與吸菸量增加、傾向於宅在家、失眠以及意志力減退等。而心理層面則會出現焦慮、憤怒、悲傷和煩躁等初期反應，隨後可能進一步發展為無精打采或憂鬱情緒等次級反應。

如果長時間持續這種壓力狀態，身體的抵抗力（抗壓能力）會逐漸減弱，最終導致能量耗盡，甚至行動受到抑制，陷入僵化狀態（Freeze）。情感上則可能表現為放棄、不安、無力感以及動機喪失，最終陷入「我什麼都做不到，無法改變現狀」的無力狀態，這便是所謂的③衰竭階段。

適度的壓力能激發我們的適應能力，提升工作效率與專注力。然而，如果壓力狀態長期持續而得不到緩解，最糟的情況可能導致生命的終結。

數個月內進展的自殺過程

上述的不安達到極限時，人們可能陷入憂鬱狀態，失去正確的判斷力，無法做出冷靜的決定。

當憂鬱狀態由生活事件引發時（本章的結尾專欄將介紹一種以生活事件評估疲勞度的壓力測量工具），心理的視野會變得狹隘，這種現象被稱為「隧道視野」（Tunnel Vision）。

隧道視野指的是喪失餘裕、冷靜和彈性，無法從整體視角看待問題的狀態。即使實際上有多種選擇，當事人也只能想到某些特定選項，忽略了其他可能性。

當心理視野狹窄的狀態持續數個月時，視野會越發縮小，短短幾個月內，當事人可能就被逼入一種無法逆轉的狀態。

最終，只剩下一個選擇：「我已經不行了」、「我只能選擇死亡」，進入被內心想法推動自殺的進程。這並不是當事人基於理性判斷決定結束自己的生命，而是被迫陷入「非死不可」的極端狀態下做出的反應。

根據世界衛生組織（WHO）的研究，自殺者中約有97%被診斷出存在某種精神疾患。其中，約三成（部分研究指出高達七成）為包含憂鬱症在內的情緒障礙患者。其次與自殺高度相關的精神疾病還包括藥物或酒精成癮、思覺失調症以及人格障礙，這些被稱為自殺相關的四大精神疾患。

順便一提，正向心理學（Positive Psychology）的先驅馬丁．塞利格曼提出了五種「幸福的類型」：成就、快樂、專注、良好的人際關係、意義。其中，「快樂」是一種與多巴胺分泌相關的幸福類型。當我們吃美食或攝取藥物、酒精時，大腦會釋放多巴胺，帶來立即的快感反饋，因此這種幸福容易導致依賴性或成癮行為。

另一方面，也有人主張「心理問題是個人責任」，這種論調與「被霸凌也是受害者的錯」有相似邏輯。然而，這種說法是極大的錯誤。社會經驗不足的年輕人或處於弱勢的社會群體，就像礦坑裡的金絲雀，最先感受到來自社會、企業、團隊或家庭中矛盾與問題的壓力。

舉例來說，在小泉內閣時期，勞動法的修訂擴大了非正式僱用的範圍，對弱勢群體的影響尤為顯著。

非正規雇用人數因此增加，由於非正規雇用者的薪資通常遠低於正規雇用者，進一步擴大了收入差距，引發「窮忙族」（Working Poor）問題。

不少人或許還記得，每逢年末，志工們在日比谷公園內為露宿的非正規雇用者及街友提供熱食救濟的場景。當時社會對此問題的討論，仍聚焦於「個人責任」的框架。

某些人主張，每個人都有選擇職業的自由，既然他們選擇了非正規雇用，就應該對這個選擇帶來的結果負責。這種觀點認為，問題的根源在於個人，而非制度或環境。

自助努力的社會並不適合每一個人

與「個人責任」一同被提及的，還有「自助努力」的概念。

這種觀點認為，非正規雇用者無法成為正規雇用者，是因為他們缺乏努力，未能掌握應有的技能和能力。

例如，確定提撥制是一種退休金制度，要求員工自行承擔責任，進行資產運作，為老年儲蓄。而與此相對的是確定給付制，由公司為員工的退休生活進行儲蓄和分配。

近年來，越來越多企業將確定給付制轉換為確定提撥制，或者部分採用確定提撥制。這種轉變的主要原因，是企業希望減輕財務風險，而不願承擔過多的責任。

隨著確定提撥制的推行，資產運用的風險逐漸從公司轉嫁到員工身上。那些過去完全沒有接觸資產運用的員工，如今在「自助努力」的框架下，必須自行承擔這些風險。

即使企業引入專業投資顧問提供建議，許多員工仍無法有效應對這些風險，卻被迫將這一切視為自己的責任。擁有足夠的資訊並不等於能夠做出正確的投資決策。

在面對各種複雜的資訊時，篩選並作出判斷，進而採取不至於造成損失的行動，本身就是一項巨大的壓力。不論事情多麼重要，要將認知轉化為行動往往是一件令人感到棘手的事。

因此，不願積極進行「自助努力」的人是否真的是懶惰？答案是否定的。這種「脫離框架等於逃避」的固有印象，正是構成「無法逃避的不安」的根源所在。

因為努力不夠，才導致事情不順利？

是因為努力不夠才導致事情不順利嗎？我並不這麼認為。「想成功就得更加努力」這種能力主義的觀點，已經不再適用於當今的社會環境。

在典型的職業框架中，例如公司職員或公務員，人們通常可以依託「社會責任」的理念，獲得公共支援。然而，一旦脫離這些框架，就會被推向「自我責任」的領域，所有問題都被歸咎於個人。

這種「脫離框架等於逃避」的固有印象，正是構成「無法逃避的不安」的核心原因。

日常生活中隨處可見的「打擊勇氣的行為」

對那些已經在心裡對自己說「我必須更加努力」的人來說，來自周圍的「加油」反而可能成為一種殘酷的壓力。這些話語會讓他們更容易被「我得比現在更加努力才行」的想法所束縛。

出於不想讓寄予期待的人感到失望或難過的心理，他們往往會強忍內心的疲憊，硬撐著表現出堅強的一面。

而「加油」這句話的背後，往往潛藏著一種未被察覺的意圖，那就是：「如果你不努力，我也不知道該怎麼幫你。」

甚至連說出這句話的人，可能都未曾意識到這層隱藏的心理動機。

父母、教師、主管或公司的人資部門，他們口中常說的「這是為你好」，往往只是表面說詞，實際上可能只是出於自我中心的考量。

這種「自我中心」，指的是只考慮自己的立場和方便，並非真正站在對方的角度。以下列舉一些「自我中心」的常見例子：

- 擔心一旦允許對方中途放棄，可能會讓他養成懶散或逃避的壞習慣。
- 害怕如果不阻止對方逃跑，將來可能會因此被追究責任。
- 誤以為「只要持之以恆，就一定會有所收穫」，覺得堅持到底才能真正累積實力。
- 堅信只要培養出「不輕言放棄的毅力」，未來就能實現想要達成的目標。
- 認為輕易允許放棄是在縱容對方，是一種過度寬容的態度。
- 害怕被他人指責「教育孩子的方法有問題」或「指導方式不當」。

這些並不是「為了你好」，而是出於「為了自己」的想法。你的「逃跑的勇氣」可能因此被輕易擊潰。

當然，也有人可能真心希望為你加油打氣。可是，他們的鼓勵話語有時卻成了無形的利刃，將你逼入絕境。那麼，周圍的人究竟該如何提供支持呢？關於這一點，我會在第四章進一步詳述。

值得一提的是，二〇一六年出版的書籍《恆毅力：人生成功的究極能力》曾引發廣泛討論。

「恆毅力」意指在面對困難時不輕易屈服的鬥志、氣概或骨氣，是一種常見於社會上成功人士身上的心理特質。但「社會上的成功」究竟是什麼意思呢？這是一個值得深思的問題。

在生活中，有太多事情會不斷削弱我們的勇氣。與其強調「不能氣餒」，不如接納「就算氣餒也沒關係」。畢竟，這個世界中充斥著各種削弱勇氣的行為與情境。

勇氣的5大基本理論

阿德勒心理學提出了一種能幫助人們面對挑戰、跨越困難的理念——「激發勇氣」，並以此為基礎歸納出五大核心理論。以下是這些理論的概要介紹：

① 自我決定性

個人有能力決定自己的選擇和行動，能夠自主地選擇自己想要的方向。

② 目的論

人類的行動是基於目標而展開的。每個人的行動背後都有其目的，而這些目標能夠改變人生的方向。

③認知論

我們每個人都會透過自身的主觀視角，賦予眼前的事物特定的意義，就像戴上一副只屬於自己的眼鏡來看待世界。

以客觀的角度（即「共同感覺」）來理解事物，才能突破自我局限。藉由多元視角審視問題，不僅能察覺自己的錯誤認知，還能以更建設性的方式重新詮釋事物。

然而，過度在意他人的看法，可能會削弱自己的判斷力和行動力。

④人際關係論

人的一切行為都與他人密切相關，每個行動都需要相應的對象或互動角色。

⑤整體論

理性與情感、心靈與身體，都是緊密相連的一體。所謂「想停止卻無法停止」，並非真的做不到，而是內心深處還存有「其實不想停止」的心理動機。

從本質上來看，人類的內心並無矛盾，那些言行不一致的人，其實是在自己的內心中製造了矛盾。

或許你正陷入這樣的狀況：心裡明明想著「我已經不想再撐下去了」，卻因為「想迎合他人的期待而不得不努力」或「害怕讓父母傷心，所以不能表現軟弱」等理由，陷入內心掙扎。

阿德勒心理學認為，如果周圍的同儕壓力讓你無法真正做自己，而這些關係成為了煩惱的根源，那麼應該果斷切斷這些關係。

「難得進了這間公司，辭職實在太可惜了。」

「好不容易和伴侶開始交往，我不敢分手。」

要捨棄這些想法，鼓起勇氣從眼前的處境中逃離，並不是一件容易的事。不要獨自承受痛苦，無論是對主管、父母、朋友、家裡的貓咪，還是對心理諮商師，只要能信任的人都可以，請將你的感受說出來，例如「我好痛苦」、「這一切太難了」、「我已經撐不下去了」。

明明很辛苦，卻假裝自己沒事，用「我很好」、「我沒問題」來掩飾內心的矛盾，是不可取的。

記住，表達脆弱並不是失敗。

阻止你逃離的5大因素

阻止你選擇逃避的原因往往來自以下五個方面。

以下列舉常見的五大因素：

1　恐懼威脅

以懲罰或威脅的方式阻止他人行動的手段，例如：

「如果你逃跑，大家一定會說你壞話。」

「你別以為能輕易逃得掉。」

「我會跟整個公司說。」

「我會在社群媒體上公開這件事。」

這些話意圖植入恐懼，屬於一種心理操控，甚至可能構成恐嚇罪。另一方面，也存在所謂的「善意的威脅」。

這種方式不會剝奪選擇的自由，而是透過誘導，幫助你更自然地朝著更好的方向行動。

與其強迫他人改變，不如採用悄然促進行動改變的方式，這正是「推力理論」（Nudge Theory）的核心理念，強調「輕輕推動，溫柔引導」。

這種方法不會剝奪選擇的自由，而是透過巧妙的誘導，引導人們更自然地朝向更理想的方向邁進。

2 同調效應

與他人保持一致的行為模式，能給人一種短暫的安全感，這可能是有意識的選擇，也可能是潛意識的反應。

在社會中生活，我們需要遵守某些社會規範，而「不能逃避」的默契規則，往往形成一種無形的同儕壓力，迫使人們選擇不偏離這一規範的行動方向。

3 負面思考與否定自我

有些人習慣挑剔別人，無論是傾訴還是討論問題，話題總會被他們轉向自身經歷，例如：「當初我也是這樣，但我努力撐過來了。」

還有些人會說：「就是因為這樣才不行」、「這就是你的壞毛病」，對你的缺點大肆批評。

其實，你對自己的不足與做得不好的地方早已非常清楚，甚至比別人更為嚴苛。

讓你感到挫敗的不僅是外界的批評，更多時候是你自己給自己的苛責。學會降低對自己的期待值，接納真實的自己，也是選擇逃跑時的重要一步。

4　現狀偏誤與損失迴避偏誤

即便逃跑可能是一個更理想的選擇，人們仍然容易偏好維持現狀，這便是「現狀偏誤」（Status Quo Bias）或「正常性偏誤」。

人們往往會將改變現狀視為一種損失，同時對失去的痛苦感受遠比獲得的快樂來得強烈。儘管有誘因驅動決策，但相較於獲利，人們對損失更加敏感，甚至會極力避免即使是微小的損失。這種傾向被稱為「損失迴避偏誤」（Loss Aversion Bias）。

避免逃避，正是受到損失迴避偏誤的影響。

5 不願改變初始設定

「初始設定」或「預設值」指的是事先設定好的標準狀態。人們通常傾向於維持這樣的預設，不願進行改變。

舉例來說，當購買某項商品時，許多人會直接按照初始設定下單，原因在於更改設定會讓人感到麻煩，進而觸發「現狀維持偏誤」，選擇將改變延後處理。

有些商家正是利用這種心理，將定期訂購設為預設選項。當顧客認為自己只選擇了一次性試用時，要改變這種錯誤認知往往非常困難，因為人們的行為傾向維持既定預設。

column

你現在的壓力有幾分？

美國心理學家霍姆斯等人開發了一種以壓力為標準來評估疲勞的方法，稱為「社會再適應評估量表」（Social Readjustment Rating Scale）。

此項量表將婚姻、配偶去世、退休等人生中常見的重要事件列為評估項目，並根據這些事件對人們帶來的壓力程度進行量化評分。

社會再適應評估量表
(Holmes&Rahe,1967)

生活事件	壓力程度指數
配偶去世	100
離婚	73
夫妻分居	65
入獄	63
近親或家庭成員死亡	63
個人疾病或受傷	53
結婚	50
解雇或失業	47
夫妻和解調停	45
退休	45
家庭成員出現健康重大變化	44
懷孕	40
性功能障礙	39
家庭成員增加	39
工作職責改變	39
經濟狀況重大變化	38
親密朋友去世	37
子女離家	29
親屬間的糾紛	29
個人的非凡成就	29
妻子就業或失業	26

生活事件	壓力程度指數
入學或畢業	26
生活條件改變	25
調整個人習慣	24
與上司不合	23
工作條件改變	20
搬遷	20
轉學	20
休閒習慣改變	19
宗教活動改變	19
社交活動改變	18
小於一萬美元的債務	17
睡眠習慣改變	16
同住家人數的變化	15
飲食習慣改變	15
重要節日或假期	13
聖誕節	12
輕微違法	11

如果一年的壓力總分超過一定值，翌年出現某些身體疾病的機率會顯著提高。

300分以上：79%

200～299分：51%

150～199分：39%

從這些結果可以看出，壓力的累積與身體健康問題之間存在高度的比例關係。

有家庭的人來說，夫妻關係的破裂可能會帶來極大的壓力。此外，即便是像結婚、懷孕、家庭新成員的加入等令人感到欣喜的重要事件，也可能導致壓力程度的上升。

這表明，並非只有煩惱或痛苦等負面經歷會觸發壓力，甚至那些帶來歡樂與成就感的正面事件，也可能成為壓力的來源。

第三章　逃跑的技巧

促進逃跑的生活模式日益完善

人類被稱為「社會性動物」，即便以個體形式存在，也始終依賴與他人的關係來維持自身的存續。

夏目漱石在小說《草枕》的開頭寫下了這樣一句話：

憑智慧行事則鋒芒畢露，順從情感則易被情勢所牽制，若堅持己見則生活壓抑狹隘。人世間本就是充滿矛盾、難以安身的地方。

無論是漱石的時代，還是現代社會，人們想要在群體中毫無壓力地生存，始終是一件極為困難的事。

過去的日本社會，存在著「家族」與「村落」這兩種緊密相連的共同體。

在江戶時代，違反村規或秩序的人，會遭受一種名為「村八分」的自治性懲罰。當地居民團結一致，對違反規範的人實施罰款、絕交、甚至驅逐的制裁，並認為這是理所當然的。如果因此失去使用水源的權利，最終便會被孤立，無法在社會中生存，那便意味著死亡。

然而，現代社會對於共同體的需求已經發生了巨大變化。在過去，即便被「村八分」排擠，仍然會被允許參與喪禮與救火這「剩下的兩分」，因為這兩者事關生死。然而，如今的社會早已不需要依賴共同體來完成這些事情——消防事務由政府負責，喪禮則由民間企業提供服務，而火葬亦由行政機構執行。

這意味著，一種能夠支撐「個體孤立」的社會模式已然成形。隨著核心家庭化的進展，傳統家族的規範幾乎消失，人們開始煩惱如何處理祖墳的問題。

就業形態也發生了劇變。年功序列與終身僱用制度已成過去式，曾經以為能提供穩定未來的公司，如今只要業績下滑，就可能隨時面臨裁員的不安。

此外，在家暴問題上，政府已設立配偶暴力諮詢支援中心，並透過《家庭暴力防治法》（DV 防止法）來保障受害者權益。

過去只能默默承受的家庭暴力，如今即使是夫妻之間，若施暴導致傷害，也將被視為刑事犯罪。換言之，如今的社會正在逐步建立一套完善的機制，使人們能夠真正「選擇逃離」。

夏目漱石是如何克服神經衰弱的？

統合失調症與憂鬱症有一個共通點，那就是患者常被以下念頭所支配：

「我想消失」

「死了會比較輕鬆」

「只能選擇去死」

「這個世界沒有我會更好」

這些想法並非單純的悲觀情緒，而是一種病態的心理狀態，讓人難以擺脫。

在江戶時代，村落共同體的規範極為嚴苛，人的生存高度依賴社群，一旦被逐出村落，就意味著失去所有生活資源，最終只能走向死亡。

不過，進入明治時代後，夏目漱石等文學家開始推動個人從共同體中獨立，使「個人」的概念逐漸明確。

夏目漱石自小勤奮好學，各科成績皆名列前茅，二十三歲時考入帝國大學（今東京大學）英文科。也正是在這個時期，他開始陷入悲觀主義與神經衰弱的狀態。據說，他本身就是個容易受到壓力影響的人。

大學畢業後，他成為英語教師。三十三歲時，獲文部省派遣前往英國研究英語教育法，獨自遠赴異鄉。初次在海外生活，加上政府提供的生活費相當有限，使他的神經衰弱症狀進一步惡化。

正當他苦於身心困頓之際，好友高濱虛子建議他試著寫作。漱石提筆後，展現出驚人的文學才華，接連創作出《我是貓》、《少爺》、《然後》、《心》等經典作品，奠定了他在日本文壇的地位。

夏目漱石在《然後》一書中，寫下了這樣的話：

「從一開始就為人強加一個客觀既定的目標，等同於在他出生之時，就剝奪了他的自由行動。因此，一個人的人生目標，必須由他自己親手創造。」

這句話所表達的，正是所謂的「自我決定」。

研究顯示，能夠自主決定自己人生方向的人，通常擁有較高的幸福感。夏目漱石能夠考入帝國大學，可見他才華出眾，必定也是個極其努力、認真、勤奮的人。

此外，夏目漱石或許也因為承受著來自社會的巨大壓力，而透過迎合周圍的期待來確認自己的存在意義。然而，若總是順應他人的期望，最終只會迷失自我。責任感過重的人，連逃離的選擇都難以做出。

但他人所期待的，與自己真正渴望的，往往並不相同。正因如此，夏目漱石在小說中強調：「人的目標，必須由自己親手創造。」

要能夠選擇逃離，關鍵在於別過度在意「別人怎麼想」、「別人對自己有什麼期待」。若總是以「他人視角」為基準來衡量一切，最終只會讓自己身心俱疲。

想要成功逃離，「自我軸心」是最強大的武器

能夠巧妙選擇逃離的人，往往是以「自我」為軸心來生活的。他們在做決定時，不是以「別人會怎麼看」或「社會期待我怎麼做」為依據，而是回歸到「我怎麼想？」、「我想做什麼？」來判斷並行動。

有些人可能會批評這樣的行為是「自私任性」，但其實完全不需要在意這些聲音——直接忽略就好。

重拾自我主導的關鍵，在於清楚表達「我」的立場。試著讓自己的語言和思考習慣，從「我」這個主體開始：

「我決定去公司。」

「我今天要完成這項工作。」

「我今天想提早下班，好好吃頓放鬆的晚餐。」

當你開始明確自己的「自我軸心」，長久以來為了迎合他人期待而活的人，會逐漸發現自己真正的感受。

過去總是對別人的期待說「好」，但其實內心真正的答案是「不」，當意識到這一點時，你會發現——意外地，身邊的人其實願意尊重你的「不」。

如果你對自己的「自我軸心」感到迷惘，不妨試著出聲問自己：「我真正想要的是什麼？」這樣的方式往往能帶來意想不到的效果。

試著放下固執與自尊心。

「我要證明自己很厲害」、「我要展現自己的能力」——這樣的想法背後，往往隱藏著不安、競爭心理、虛榮心以及對認可的渴望。

這類人雖然擁有強烈的獨立意識，但往往讓理性凌駕於自身的情感之上，無非就是在忽視自己的真實感受。

情感只有當我們真正去感受並接納時，才能獲得解放。它並非應該被麻痺或壓抑，而是需要被釋放的。

在現代社會，我們生活在前所未有的資訊洪流中。許多時候，我們在不知不覺間便受到了媒體、專家或網紅的言論影響，無意識地迎合這些觀點，而忘了思考「我自己究竟怎麼想？」

換言之，缺乏「自我軸心」的人，更容易受到外界操控。

所謂的「自我軸心」，指的是以自己為主體來思考問題。這與「自我中心」並不相同。「自我中心」是無視他人，將一切以自己的利益為優先。

而「自我軸心」則是在尊重他人存在的前提下，仍然時刻自問：「我怎麼想？」、「我真正想做的是什麼？」

無法逃離的人，往往被他人牽著走，逐漸迷失了自我。某種程度上，這甚至可以說是一種「洗腦」。

擅長操控他人的人，精通如何掌控局勢，而社會經驗尚淺的人，則很容易被這樣的人牽制，甚至毫無察覺地陷入其中。

要成功逃離，千萬不能與對方正面衝突。而是要學會靈活閃避對方的攻勢，在不正面交鋒的情況下找到自己的出路。

請勇敢地說：「我已經不想再勉強自己了！」

請坦率地說：「我並不是真的沒事！」

接下來，我將介紹具體的逃離方法。

一種是在「不離開當前環境」的情況下，巧妙抽身的方式；

另一種則是「拉開距離」，遠離困境。

我們先從「不離開現場的逃避方法」開始談起。

不離開現場的逃避方法① 書寫

夏目漱石透過書寫，將內心的煩悶與抑鬱轉化為文字，從而拯救了自己。在心理學上，這種行為被稱為「昇華」（Sublimation）。例如，把對惹人厭上司的憤怒寫成詩歌，或用繪畫來表現內心的不滿。夏目漱石的作品正是這種昇華的產物，而我們也因他的文字獲得了救贖。

書寫是一種讓自己從痛苦與恐懼中解脫（或說自我拯救）的療癒方式。

不論是悲傷、憤怒，還是無助的情緒，若只悶在心裡，壓力將會不斷累積。但透過書寫，這些情緒可以釋放到紙面上，從內心轉移到外在。說到「釋放」，呼吸的過程也與此相似。

這裡稍微談一下呼吸的機制。

吐氣時，新鮮的氧氣會迅速進入體內。當我們吸氣時，「交感神經」會占優勢。交感神經主要在應對緊急狀況時發揮作用，可以說是身體的「加速器」。人在受到驚嚇或緊張時，往往會倒吸一口氣，此時血壓上升，身體進入戒備或戰鬥模式。

那麼，呼氣時又會發生什麼變化呢？

當我們吐氣時，「副交感神經」則會占優勢，使身體進入放鬆狀態。這就像繃緊的弦逐漸鬆開，起到了「剎車」的作用。當身體放鬆時，人反而會變得更強韌，不容易在壓力下瞬間崩潰。

人在感到安心時，會不自覺「呼」地吐一口氣，並輕拍胸口，這正是身體自然的放鬆反應。

副交感神經在放鬆狀態下發揮作用，促進身體的疲勞恢復與修復。睡眠、用餐、飯後時光、泡澡等身心放鬆的時刻，副交感神經都處於優勢。

此外，呼吸還承擔著氣體交換的功能。如果沒有完全吐盡吸入的空氣，肺中仍殘留部分氧氣，導致無法有效吸入新鮮氧氣。因此，充分吐氣非常重要。

由此可見，我們的身體透過吐氣來達到放鬆的狀態。而「書寫」的過程，就如同這種氣體交換，讓心中的煩悶與鬱結得以釋放。

透過書寫，我們能夠騰出空間來接納新的想法與創意，使思考更加靈活，幫助調整心境，並以不同的視角看待事物。

書寫能讓心回到「當下」，是一種專注於眼前狀態的行為，並產生以下作用：

1　與眼前的煩悶保持距離

保持距離，也是一種逃避的方式。

透過書寫，原本模糊不清的煩惱能夠被具象化，變得可見可理解。當我們以旁觀者的角度重新閱讀自己寫下的內容時，便能更客觀、更冷靜地審視當下的狀況。

「該怎麼辦……」、「不知道該從何開始……」這些焦慮與不安，透過書寫能逐漸緩和。

2 透過書寫，發掘新的選擇可能

無法逃離的人，往往過於在意他人的目光，思考時以「別人怎麼看我」、「別人會怎麼想」為出發點，陷入以他人為中心的思維模式。而書寫的過程，則讓我們能暫時拋開這些想法，專注於自己的內在，回歸「自我軸心」。

透過書寫，能幫助我們找回真正的自己，使內心最真實的聲音浮現。

在格式塔療法（Gestalt Therapy）中，當情緒低落或陷入負面狀態時，明確地認識並表達自己的情緒被認為是一種有效的方法。這不只是理性上的理解，而是透過書寫過程，讓人從心理與生理層面深刻體會到「啊，原來如此」的頓悟。

此外，心理學中的「昇華」也被稱為「替代」。當我們因與父母爭吵而感到煩躁時，可能會選擇砸東西、攻擊他人或貶低對方來發洩情緒。

痛苦的情緒不一定要直接發洩在壓力來源上，因為這麼做可能會導致更嚴重的後果，甚至帶來生命危險。因此，將情緒轉移到其他事物上來釋放，是一種更為安全的選擇。

不過，轉移情緒的方式相當重要。如果選擇酗酒或賭博等「陰性」行為，可能會陷入自我厭惡的惡性循環。相反地，透過打掃、唱歌等「陽性」活動來舒緩情緒，則能避免負面影響，甚至帶來積極的效果。「陽性」的轉換，不只是情緒的發洩，更是一條通往幸福的道路。

與其習慣性地關注生活中的負面事物，不如試著發掘那些微小卻真實存在的幸福感。

不離開現場的逃避方法② 認知療法

其中一種有效的「逃避方法」是認知療法。

第七十一頁曾提到「心理視野狹窄」的現象，即所謂的「隧道視野」。當人長期處於壓力環境中，認知會逐漸變得扭曲，陷入負面的思維模式。這時，另一種不需離開當下環境即可進行的逃避方式，就是認知療法。

簡單來說，這種方法的核心在於讓當事人意識到：「你以為自己身處黑暗幽閉的隧道，但換個角度細看，四周其實是一片開闊、明亮且充滿可能性的空間。」

當視野受限時，人往往會產生「不管我做什麼都沒用」的自我否定，甚至會扭曲地認為「大家都覺得我是個老是犯錯的廢物」。這種思維模式會進一步強化對未來的悲觀與無力感，使人深陷負面循環之中。

這種思維模式其實是一種「習慣」，而習慣是可以修正的。

在認知療法中，會透過以下方式來引導當事人重新審視自己的想法：

「你真的無論做什麼都不行嗎？」

「身邊的人真的全都認為你毫無價值嗎？」

「未來真的只會發生悲傷和痛苦的事嗎？或許也會有讓你開心和感到幸福的時刻吧？」

透過調整思維習慣與修正認知偏差，許多問題都能逐漸改善。而這也是一種「逃避」的方法。

當然，一開始當事人可能會否認這些說法，堅持「不，我怎麼做都沒用，我就是個沒價值的人」。因此，在心理治療的過程中，當事人和諮商師會共同合作，檢視自己的思維模式是否真的符合事實，並探討是否存在其他可能的觀點或選擇，進而修正過度悲觀或偏頗的認知。

不離開現場的逃避方法③　課題分離

匈牙利有句諺語：「逃避雖然可恥，但活下去更重要。」只要能夠活下來，就是贏家。

憂鬱症的成因有許多，其中一種是由於荷爾蒙或神經傳導物質失衡所引起的「內因性憂鬱症」，而另一種則是由壓力導致的「心因性憂鬱症」。心因性憂鬱的人常說：「我想逃，但我逃不了。」但事實上，並非真的無法逃脫。

壓力源可能有多種因素（詳見第六十七頁），只要能擺脫視野狹窄的狀態，新的選擇就會浮現。

如果你的壓力來自「豬隊友上司」，那麼試圖糾正或說服對方通常是徒勞的。因為從根本上來說，這並不是你能改變的事，甚至還可能遭到反擊。

阿德勒心理學中有一個概念叫「課題分離」。也就是說，上司的無能並不是你的問題，而是「上司自己的課題」。與其把精力浪費在試圖改變對方上，不如果斷劃清界線，避免讓對方影響自己。

在這種情況下，最明智的做法就是「適當避開」，也就是刻意保持距離，讓對方的言行不再影響你的情緒與決策。這並不代表依賴對方、將問題歸咎於他人，或是責備自己，而是一種能維持彼此尊嚴的相處方式。

阿德勒認為：「所有的人際關係問題，基本上都源自於我們闖入了他人的課題，或者讓別人干涉了我們的課題。」

當你發現，有人試圖干涉你的課題時，最好的方式就是立刻拉開距離，果斷撤退。

如果你正因為討厭的上司（或父母、朋友等）而感到困擾，試著進行「課題分離」，你會發現，這些煩惱的本質其實與你自身並無直接關聯。因為，你無法掌控別人的課題。

不離開現場的逃避方法④　放下完美主義

完美主義者往往不擅長「先試試看」這種實驗性的做法。

所謂的實驗，就是透過實際行動來驗證，而大多數實驗的結果其實都是失敗的。對完美主義者來說，最可怕的並非嘗試，而是即使萬全準備後，仍無法完美達成目標的失敗（但失敗本就是無法避免的）。

臉書創辦人馬克・祖克柏曾說過：「與其追求完美，不如先把事情完成」（Done is better than perfect.），這句話正好點出了完美主義的盲點。

雖然完美主義者擁有強烈的責任感，做事一絲不苟，能徹底執行每一個細節，但這種特質也讓他們對自己和他人過於嚴苛，總是先看到缺點而非優點，因此容易陷入自我否定。

此外，完美主義者往往容易對各種事物抱持批判態度，缺乏彈性，又因為過於執著於細節，導致處理事情耗時過長，也難以迅速轉換心境。

如果你發現自己有完美主義的傾向，不妨試問自己：

「我是不是總是給自己設下過高的目標？」

「我是不是過於在意別人的評價？」

要擺脫這種狀態，有三個方法可以嘗試：

1 採用「加分」的思維模式

完美主義者往往把「一百分」當作起點，任何沒做到的地方都會被視為減分項目，最後落入「啊，我又沒做到……」的自責循環。然而，學會接受自己的不完美，也是「逃避」的一種技巧。

與其減分，不如換個角度，專注於「已完成的部分」並為自己加分。當你開始計算「我做到了什麼」，而不是「我還差了什麼」，便能逐漸擺脫消極思維，提升自我肯定感，也更能感受到自己的成長。

2　接受「事情終究會有它自己的發展」

無論我們多麼努力，有些事終究不是自己能夠掌控的。

很多時候，事情的發展取決於無法預測的外在因素——這些只能「交給時間」，或換句話說，「交給神」。

完美主義者經常有一種「全有或全無」的思維模式（All or Nothing），只要事情稍微偏離預期，就會喪失繼續下去的動力，甚至直接放棄。

「除了自己認可的方法，其他都無法接受」、「如果改變做法，那之前的準備就白費了」、「這種方式絕對會失敗」、「既然可能失敗，那做了也沒意義」——這些念頭反覆盤旋，讓人陷入惡性循環。

何不試著以「總會有辦法的」、「順其自然吧」、「算了，沒關係」這樣的態度來面對呢？

當我們對自己設定過於嚴苛的標準，就會不斷否定現狀，對現在的自己挑剔，試圖追求更完美的結果。即使拿到九十五分，甚至一百分，也可能覺得「這點成績沒什麼好驕傲的，大家都能做到」，從而對自己不滿足，無止境地追求更高的理想，直到最終精疲力竭、心力交瘁。

3　不要過度執著於結果

人生中，無論多麼努力，結果往往難以如願。而完美主義者希望一切都做到完美，因此容易把所有事情視為同等重要，導致難以確立優先順序。

即便結果不盡人意，也不要過度自責。否則，就會一直困在過去的失敗之中，無法前進，甚至產生「如果無法取得理想結果，那一切都毫無意義」的無力感。你是否也曾有這樣的想法呢？

中國古代兵法家孫子曾說：「兵聞拙速，未睹巧之久也。」

在戰爭中，即便戰術不夠完美，也必須盡快結束戰事。因為戰爭拖得越久，所需的金錢與時間成本就越龐大，犧牲也會隨之增加，最終導致國力衰弱。因此，與其追求徹底的勝利，更重要的是儘早結束戰爭，減少損害。

與「巧久」（過於講究細節，花費過多時間思考，反而迷失了最初的目標）相比，「拙速」（不在不必要的細節上糾結，而是迅速行動）才是更實用的策略。

如果上司要求提交某份報告，與其糾結於完美，不如先在期限內交出去，之後如果被指出錯誤，輕鬆回應一句「抱歉，我馬上改！」然後修正就好。在現實社會中，比起追求完美，「先做了再說」才是生存的關鍵。

不離開現場的逃避方法⑤　不對抗

面對討厭的上司或不喜歡的人，與其正面對抗，不如裝作認輸，反而是一種高明的逃避策略。退一步不與之爭鬥，這才是真正的「逃避即勝利」。

在爭鬥中獲勝或許會讓人產生「自己掌控了一切」的錯覺，但真正等待你的，往往是對方的報復。因此，與其硬碰硬，不如學會閃避。

當你遭遇無理的責備、刻薄的言語、優越感作祟的貶低，甚至毫無根據的指控時，與其被憤怒驅使，不如在心中淡然一笑：「原來你是這樣的人啊。」深呼吸，讓怒氣平息，不讓情緒牽著鼻子走，也不急著捍衛自己的正義，而是選擇退一步（就是逃跑），避免無謂的衝突。

這並不代表失敗。撤退，在商業戰略中是至關重要的一環。

二〇二四年二月九日，伊藤洋華堂宣布全面退出北海道、東北及信越地區。由於連續三年財報顯示最終虧損，業績持續低迷，公司決定透過大規模關店等結構調整來改善經營狀況。這場撤退，並非失敗，而是為了「生存下去的策略」。

不離開現場的逃避方法⑥　將焦點放在支持你的20％

在人際關係中，總會有人對你惡言相向或處處針對，這類人約占20％。也有一群人對你沒有特別的好惡，處於中立立場，這約占60％。當然，還有20％的人是真心支持你、站在你這一邊的。

這就是人際互動的「2・6・2法則」。

陷入「隧道視野」時，往往只能看到那20％攻擊自己的人，導致情緒低落，最終甚至演變成自我否定，覺得自己一無是處。

其實，大多數人（60％）都是「無所謂」的，他們的態度並非固定，而是會隨著環境變化而改變。

你是否曾經有過這樣的感覺？

明明只是被一個人討厭，卻覺得整個世界都在排斥自己？

明明一週有四天過得很好，但只要有一天出錯，就覺得自己「總是失敗」？

但請記住，你一定有20％的支持者，他們是真心站在你這邊、為你加油的人。把注意力放在這20％的夥伴身上，你會發現，內心會慢慢變得溫暖起來。當你感到痛苦時，不妨回想起這些支持你的人，他們的存在，就是你的力量。

不離開現場的逃避方法⑦　假裝融入

人類天生就擁有多重面具（Persona），並會根據不同場合來調整自己的角色。

就像演員在舞台上會戴上特定的「角色面具」一樣，我們在社會中也會根據需求展現不同的面貌。

「Persona」指的就是個人向外界展現的「面具」或「社會角色」，是我們讓他人看到的自己，符合社會期待與文化規範的那一部分。所以在職場或社會中，你並不需要毫無保留地展現「真正的自己」。

無論是公司、朋友圈，還是家庭，每個組織都有各自的價值觀與規範。我們所要做的，就是根據場合來「演出」符合這些價值觀的角色。

等到獨處時，再回歸真正的自己。這是一種相當有效的逃避策略。懂得靈活切換，保持適當距離，並適時「假裝融入」，才能更順利地度過那些不得不應對的場合。

此外，現在也有越來越多人選擇「不爭取升遷」作為逃避的方式——只要不成為管理職，工會依然能保障你的權益，加班費也能按工時領取，無需承擔額外的責任與壓力。

保持距離的逃避方法①　停止過度思考

我們經常被告誡：「不能逃避痛苦，要勇敢面對。」但其實，刻意迴避某些事本身就是一種重要的應對策略。

有些問題，無論怎麼想都無法解決，甚至越想越痛苦，讓思緒陷入負面的循環。這時我們往往在思考那些「自己無法掌控的事情」。雖然設想各種可能性是自由的，但如果一直糾結於自己無能為力的事，反而會忽略那些自己能夠掌控、能夠改變的部分。

理論上來說，「既然想了也沒用，那就乾脆別想」就好了，對吧？但對於認真且責任感強的人來說，這並不是一件容易的事。

讓自己「不去想」有幾種方法。

1 暫時離開現場

去趟洗手間、回家、或是做任何能讓自己暫時抽離當下環境的事情，重點是先拉開距離。例如，在休息室坐一會兒、去便利商店買杯茶，甚至到戶外散步繞一圈，這些都能幫助自己轉換心情。

2 預留多條「逃生路線」

我們常聽到「斷絕退路」這句話，但其實為自己準備多條退路，才是長久生存的關鍵。

如果手上沒有足夠的選擇，遊戲很快就會結束——人生也是如此。逃生路線可以是任何形式的選擇。

感到疲憊時，不妨試試這些方式來轉換心情——手沖一杯咖啡、唱歌、寫書法、插花、爬山、做瑜伽……任何能讓自己暫時逃離煩惱的事情都可以。

大腦其實不擅長同時處理兩件事，我們無法一邊大笑一邊生氣，即使是擅長多工的人，在同一時間內也只能專注於一件事。換句話說，想要打斷負面思考，最好的方法就是轉移注意力，讓自己去做點別的事情。

3 讓自己發呆一下

相比於專注於某項工作時的大腦狀態，人們在放空、沒有主動思考的時候，反而更容易產生靈感。這就是所謂的「洗澡時的靈光乍現」。

我們從小被教育要「積極主動」，要「把事情當成自己的責任來思考」，但事實上，適當放空反而能幫助我們找到新的方向。

然而從腦科學的角度來看，當大腦處於「不需要刻意思考、放空發呆」的狀態時，最能夠活化「預設模式網絡（DMN）」。

放空時，DMN 會開始整理記憶，將原本零散的資訊加以篩選、連結與分析，就像海馬體正在進行一場「記憶整理大掃除」。

不只是發呆，像是散步、打掃、烹飪、聽音樂，甚至只是去趟洗手間，也能讓 DMN 動起來。

如果你總是忍不住鑽牛角尖，不妨先讓自己徹底思考一輪，把所有可能的情境都模擬過後，試著放空一下。你會發現，答案往往會在意想不到的時刻自然浮現。

保持距離的逃避方法②　留停，先離開再說

「留停」也是一種逃避的選擇。

一般來說，當被診斷為「適應障礙」（詳見第三十九頁）時，可以申請留停。因為遠離壓力來源，有助於症狀的改善。

留停是指因個人因素暫時離開工作一段時間，理由可能包括生病、受傷、家庭因素等，而適應障礙也被認可為其中之一。

申請留停時，通常需要醫師診斷證明與正式的申請文件，並需要向公司說明自身的健康狀況。至於留停期間的薪資與社會保險待遇，則依各公司內部規定或勞動契約而有所不同。

如果你對工作完全提不起勁，導致業務表現下滑，或是因職場人際關係感到極大壓力，甚至難以踏入公司，再或者長期身體不適，影響日常生活，開始無法客觀評估自身狀況，對未來感到無力，甚至產生自傷或自殺的念頭，請務必立即尋求醫師診斷，並果斷選擇「逃避」，優先保護自己。

在某些情況下，當事人可能無法直接與公司的人事或主管面談，這時可以選擇透過電子郵件提出留職停薪申請，減少面對面的心理壓力。

此外，近年來各類「代辦服務」越發普及，若覺得親自應對太過痛苦，你完全可以選擇退職代辦服務來處理一切手續——既然都要逃了，乾脆交給專業人士來辦理，讓自己少受一點折磨。

保持距離的逃避方法③　合理運用勞災保險

如果你的問題涉及工時、薪資、解僱、職場安全與衛生、或勞災保險等勞動條件，可以向厚生勞動省旗下的「勞動基準監督署」諮詢。[1]

〈勞災保險相關諮詢〉

- 在工作中發生工傷（受傷或疾病）
- 想了解勞災保險的申請流程・因勞災休假時，薪資是否會獲得補償？

1　台灣可向勞動部諮詢。

- 兼職或計時人員是否適用勞災保險？
- 「憂鬱症」或「過勞死」在何種情況下可被認定為勞災？

如果選擇離開職場，不要默默承受，先試著尋求諮詢與協助。

若無法透過勞動基準監督署解決問題，亦可考慮尋求法律支援，部分律師事務所提供首次免費法律諮詢。此外，政府設立的公共法律服務機構「法律扶助中心」也有提供法律援助。

請確認自己是否正遭受不當的勞動對待，透過適當的方式尋求幫助，讓自己順利遠離不合理的職場環境。

第四章　如何幫助想逃卻逃不了的人

每十五人就有一人曾罹患憂鬱症

當我們被逼入絕境、失去退路時，為了保護自己，可能會選擇攻擊他人，或是轉而傷害自己。在這樣的狀態下，人往往會在不知不覺間喪失正確的判斷力，並持續累積心理上的傷害。

通常，在遭遇壓力源約三個月後，相關症狀才會開始顯現。

即便身邊的人不斷安慰：「不用再勉強自己了」、「逃走也沒關係」，當事人往往是聽不進去的。

即使察覺到自己可能處於憂鬱狀態，許多人仍選擇獨自承受，既不向外求助，也不願讓職場或家人擔心。

此外，當事人往往沒有意識到自己已經過度勉強，反而還認為「必須更加努力才行」。

據統計，日本大約每十五人中就有一人一生中至少經歷過一次憂鬱症，而在女性數據中，這一比例甚至達到四人中就有一人。

憂鬱症是任何人都有可能罹患的疾病。只要能及早發現並介入治療，大多能順利恢復。

問題在於，憂鬱症的警訊並不容易被當事人察覺，因此，身邊的家人、同事或朋友能否注意到並提供適當的支持，變得尤為重要。就像身體疾病一樣，心理上的困擾同樣講求「早期發現、早期治療」，這樣才能將影響降到最低。

越早採取行動，治療過程通常會越順利，也更有助於病情的恢復。

如果發現身邊的人出現令人擔憂的症狀，最重要的是耐心陪伴，花時間傾聽他們的想法與感受。

留意憂鬱症的警訊

當你察覺對方的狀態與「平時」有所不同時，就應該留意並適時關心。如果以下症狀持續兩週以上，可能是需要介入的時機：

生理方面的變化

〈睡眠異常〉

- 清晨提早醒來
- 夜裡頻繁醒來，難以再入睡

- 入睡困難，長時間無法入眠

〈食慾、體重與身體狀況的變化〉

- 食慾不振
- 吃東西時感受不到美味
- 食慾突然增加
- 體重明顯減輕或增加
- 無法消除疲勞，總是覺得身體沉重
- 一早醒來就感到精疲力竭
- 頭部沉重不適
- 肩膀、脖子僵硬沉重
- 持續腹瀉或便秘

心理狀態的變化

〈憂鬱感〉

- 情緒低落
- 對任何事情都抱持悲觀態度
- 持續感到憂鬱
- 對任何事物都提不起興趣
- 做什麼都感到厭煩或無力
- 易怒、情緒煩躁不安
- 總是感到焦慮
- 無法靜下心來，焦躁不安

行爲上的變化

- 上班遲到的次數變多
- 休假或缺勤的頻率增加
- 變得不想去上班
- 話變少了，不願意與人交流
- 經常說出「我真沒用」、「我是個失敗者」等自我否定的言語
- 不再關心新聞或電視節目
- 變得不願與人接觸，開始疏遠社交圈
- 原本喜愛的興趣或活動，也逐漸失去興趣

身邊的人可以做些什麼？

1　從理解這種疾病開始

家人若因為親人罹患憂鬱症而自責，這對當事人來說無疑是更大的心理負擔。首要之務是了解憂鬱症到底是怎樣的一種狀態，從認識症狀開始，才能給予真正的支持。

2　不要過度糾結於原因或責任歸屬

「為什麼會生病？」

「是不是我們哪裡做錯了？」

很多家屬都會試圖去找出導致憂鬱症的原因，但實際上，這種疾病往往是由多種因素交錯影響所致，並非單一事件或某個人的錯。

與其糾結於原因，不如思考「現在能做些什麼？」並從能夠實行的事情開始著手。

3 不要勉強鼓勵對方

當事人之所以會罹患心理疾病，正是因為已經過度努力了。此時再去鼓勵，只會讓他們產生更多壓力，反而加重病情。例如：

「我沒辦法再繼續撐下去了……」

「讓大家這麼擔心，真的很抱歉……」

「什麼都做不到的自己，實在太沒用了……」

這類想法會進一步加深自責感，使他們的情緒更加低落。

4　不要強迫對方做特別的事情

身邊的人往往會好意地提議：「要不要一起去吃飯？」或「去喝一杯放鬆一下吧！」

當事人正處於心理能量極度消耗的狀態，原本能帶來樂趣的事物，現在反而可能讓他感到更加疲憊，甚至加重病情。

此外，若對方無法回應這些善意的邀約，可能會因此對自己產生更強烈的厭惡感，進而提高自殺風險。

5　不要催促對方做重大決定

當事人往往因為強烈的自責感，認為自己拖累了周圍的人，可能會脫口而出：

「我還是辭職吧」

「離婚比較好」

「我要離開這個家」

「我不想活了」

心理狀態陷入低潮時，往往會出現「心理視野狹窄」（即隧道視野），使人只能從悲觀的角度思考，覺得自己別無選擇，眼前的道路似乎已被堵死。

在這種時候，最重要的是不要直接否定對方的想法，而是以溫和的態度回應：「我知道了。現在最優先的事情是照顧好身體，其他的問題，我們可以之後再一起想辦法。」

這樣的回應能讓對方感受到被接納，不會因為被否定而感到孤立無援。

6 陪同就診

不需要每次都陪同就醫，但在某些情況下，陪伴仍然能提供重要的支持。需要注意的是，陪診者的角色只是陪伴，而不是主導對話，不應該在診療過程中過多發言，因為這是當事人與醫師直接交流的關鍵時刻。

透過陪同就診，家人或朋友能更清楚地了解醫師的建議，進而掌握如何在日常生活中提供適當的支持。如果當事人因狀態不佳無法前往醫院，也可以由家屬或親友代為諮詢，向醫師了解如何應對當前的情況。

用知識武裝自己也是一種逃避手段

在職場上，身心承受過大負荷的工作被稱為過重勞動。長期處於過重勞動狀態，可能會導致腦部與心血管疾病，甚至引發精神疾患。其中最危險的，就是長時間勞動。

根據日本厚生勞動省的警示：

每月加班時數超過四十五小時，健康狀況可能開始惡化。

超過六十五小時，罹患疾病的風險顯著提高。

超過八十小時，甚至可能導致過勞死。

此外，過重的業績壓力、沉重的職責負擔，以及職場中的各類騷擾（如職權騷擾、性騷擾），也被認為是強烈的心理壓力來源。

根據日本厚生勞動省的定義，符合以下三項條件的行為，即可被認定為職權騷擾：

- 利用職場中的優勢地位進行言語或行為上的壓迫
- 超出業務所需且不合理的要求或行為
- 對勞工的工作環境造成損害

依據厚生勞動省的《職場行為規範》，職權騷擾被進一步定義為：「利用職務上的地位或職場內的人際優勢，對他人施加超越業務範圍的精神或身體壓力，或造成職場環境惡化的行為。」

以下這些帶有威嚇性的言行，皆可能被認定為職場霸凌（職權騷擾）：

- 大聲斥責、咆哮
- 惡狠狠地瞪視對方
- 談話時故意拍桌或敲擊物品
- 在下班前夕，交付一份即使加班到深夜也無法完成的工作量
- 對仍在適應期的新進員工，強迫承擔與資深員工相同難度的業務
- 部屬只要犯錯，就要求對方反覆撰寫大量檢討報告……等等。

如果你在職場上持續遭遇這類對待，請不要猶豫，快逃。

厚生勞動省的「綜合勞動諮詢窗口」提供一站式服務，受理各類職場問題的諮詢，並提供解決方案的相關資訊。

例如涉及解雇、勞動契約不續簽、工作調動、減薪、招聘與錄用、職場霸凌與騷擾（包括權勢騷擾、性騷擾），以及與性取向與性別認同相關的勞動問

題等，均可向該窗口尋求協助。該服務不僅受理勞工的諮詢，也接受企業主的相關問題。此外，學生、求職者、外籍勞工等群體，也可透過專業諮詢員以不同語言進行面談或電話諮詢，且全程免費。

憂鬱症等心理健康問題，也可申請勞災認定。

「勞災」（勞動災害）是指勞工（包含正職員工、契約工、兼職與臨時工等）因執行工作職務而遭受的傷害、疾病，甚至死亡。

一般來說，人們容易將「勞災」與工廠作業意外或建築工地高空墜落事故聯想在一起，但其實，因職場的過度勞累導致的腦部與心血管疾病（如「過勞死」）、或因職場霸凌、性騷擾所引發的精神疾病、自殺行為等，也可能被認定為勞動災害。

即使符合勞災條件，公司仍可能拒絕承認或申請，因為一旦被認定為勞災，勞動基準監督署就會介入調查，這可能導致公司受到行政指導或行政處分。換言之，在問題擴大之前選擇離開，某種程度上也能減輕公司的負擔。

終章

無論是選擇留在當下的環境繼續努力，還是果斷離開，真正需要的並不是能力，而是勇氣。

「必須這樣才行」這類的思維模式，往往只是單純的思考偏誤。如果能擺脫這種執念，也許就能獲得更多的自由。

就我個人的經歷來說，從東京大學醫學部畢業後，我在醫院長期擔任全職醫師，當時決定辭職時，內心也感到十分不安。

但與其一輩子待在這個環境，我選擇脫離升遷體系，轉而成為開業醫師。這樣一來，不需要再考慮升遷或退休，最重要的是，我能夠以更自由的方式從事醫療工作。

或許在外人眼中，那看起來像是一種「逃避」。但我當時的想法是：「就算不適合當醫生，那去當補習班老師也好。」

我長年鑽研日本發展出的心理療法——森田療法。

森田療法認為，患有強迫症、社交焦慮症、恐慌症等神經症的人，通常具有內向、敏感、完美主義、過度內省等神經質的性格特質。

其核心理念並非消除焦慮，而是將焦慮視為人類與生俱來的自然情緒，並選擇接納它。

焦慮的本質，實際上是「渴望活得更好」、「想要獲得成就」這類對生命的強烈追求。換句話說，強烈的不安感，其實是內心強烈求生欲望的反映。

森田療法認為，焦慮與求生欲是一體兩面，接納這一點，順應自身的狀態活出「順其本心」的生活方式，正是森田療法的核心理念。

森田療法中所提倡的「接納最真實的自己」，指的是將焦慮視為自然情緒加以接納，並同時順應焦慮背後所隱含的渴望（生存的欲望），採取建設性的行動。

對於神經症患者來說，他們往往被「應該如此」的固有觀念束縛，並對「不能失敗」懷有強烈的執著。

為了擺脫這種狀態，需要先釐清自己被什麼所困，然後試著包容這種執著，最終順應內心對美好生活的渴望，實踐「允許自己如是」的態度。

舉例來說，容易在眾人面前緊張的人，往往受到「不能在人前緊張」這種信念的束縛。現實是，當事人仍然會感到緊張。辨識出這種無法實現的執著，並承認「緊張是無法完全控制的」，正是順其自然的生活方式。

然後，帶著「即使緊張也沒關係，先試著去做」的態度去面對。

希望大家能接受「逃避也是一種選擇」，並以順應當下的心態，自然地走向屬於自己的幸福人生。

如果你身邊有人因為「應該如此」、「必須這樣」的思維束縛，而陷入「自己沒有生存價值」的絕望之中，請試著用溫暖的態度去陪伴他們。

作為周圍的人，能夠做到的事情，就是理解這種狀況，不去追究病因，也不要輕易鼓勵。

當你試圖勉勵對方時，他們可能會感到：「我已經無法再努力了」、「讓大家這麼擔心，我很抱歉」、「什麼都做不到的自己，真是沒用」，結果反而加重病情。

如果你關心的對象，在你開口時對你表現出攻擊性，請記住，這是因為他們的內心正在受傷，並非針對你。因此，無需強求對話，適當地保持距離就好。

但是，如果情況發展到出現暴力，那就另當別論了。這時請果斷拉開距離，選擇逃離。

後記

感謝您讀到最後。

如果這本書能讓您對「逃跑」有不同的看法，或是讓您意識到「原來可以選擇逃跑」，甚至在某種程度上獲得了「逃跑的勇氣」，那對我來說將是莫大的欣慰。

當然，也許有些人在讀完之後會覺得——「這和我沒關係。」不過，會這麼想的人，或許一開始就不會選擇這本書吧。

但或許這本書能在某種程度上，成為你的「事先防範之策」。畢竟世事無常，誰也無法預測未來會發生什麼。

當然，也可能有人讀完後會覺得：「話雖如此，現實哪有這麼簡單？如果真的能輕易逃跑、隨意丟下工作，那大家就不會這麼辛苦了。」

對於這樣的想法，我想強調的是——「逃跑」並不是非黑即白的選擇，不需要用極端的方式去理解它。

以照護問題為例，並非只有讓被照護者入住機構，才能算是「逃跑」。你可以請看護來幫忙，或者白天讓對方去日間照護中心，甚至安排幾天的短期住宿，這樣你就能暫時抽身喘口氣。

透過這樣的「逃跑經驗」，你會發現，稍微離開一下也沒問題。只要試過一次，可能就會對「逃避一點點也沒關係」有更深的體會，從而降低讓親人入住照護機構的心理門檻，也能成為更全面逃離的契機。

最後要說的是，如果你還是無法鼓起勇氣，那就試著從小小的「逃避」開始吧。例如，一直無法請長假的人，可以試著找個理由請一天假，藉此降低對於「逃跑」的心理阻礙。

即使只是試試看，也需要一定的勇氣，但與其反覆糾結，不如先行動看看——畢竟，結果如何，試了才知道。

當你發現事情沒有自己想像得那麼糟，沒有被過度厭惡，也沒有遭受太多非議時，這樣的經驗會讓你更有勇氣。這正是阿德勒所說的「激發勇氣」，讓人獲得前行的力量。

正如本書一直強調的，希望你能牢記「最重要的是先活下去」這件事。

當然，逃避並不只是為了生存。有時候，選擇逃離反而能讓人找到新的可能性，開拓未來的視野。善於逃避的人，不容易被壓力逼得喘不過氣。

至少，光是意識到「逃跑也是一種選擇」，你的生活就可能因此改變。這是我的信念，如果這份想法能夠與你產生共鳴，對我來說將是無比的榮幸。

最後，在此向自由國民社編輯局長竹內尚志先生以及撰稿人脇谷美佳子女士致以最深的感謝。他們傾注心力，將我長年堅持的信念整理成這本書，讓它得以呈現在讀者面前。

高寶書版集團
gobooks.com.tw

NW 304

逃跑的勇氣：如果你極限到了卻無法逃離，就去另一個自在的地方

逃げる勇気──あなたが明日を生きるために

作　　者　和田秀樹
譯　　者　高秋雅
責任編輯　吳珮旻
封面設計　林政嘉
內頁排版　賴姵均
企　　劃　陳玟璇
版　　權　劉昱昕

發 行 人　朱凱蕾
出　　版　英屬維京群島商高寶國際有限公司台灣分公司
　　　　　Global Group Holdings, Ltd.
地　　址　台北市內湖區洲子街 88 號 3 樓
網　　址　gobooks.com.tw
電　　話　（02）27992788
電　　郵　readers@gobooks.com.tw（讀者服務部）
傳　　真　出版部（02）27990909　行銷部（02）27993088
郵政劃撥　19394552
戶　　名　英屬維京群島商高寶國際有限公司台灣分公司
發　　行　英屬維京群島商高寶國際有限公司台灣分公司
法律顧問　永然聯合法律事務所
初版日期　2025 年 07 月

『逃げる勇気』（和田秀樹）
NIGERU YUKI

Original Japanese edition published by JIYU KOKUMINSHA Co., Ltd, Tokyo, Japan
Korean edition published by arrangement with JIYU KOKUMINSHA Co., Ltd through Japan Creative Agency Inc., Tokyo and Jia-xi books co., ltd, Taiwan R.O.C.

國家圖書館出版品預行編目（CIP）資料

逃跑的勇氣：如果你極限到了卻無法逃離，就去另一個自在的地方 / 和田秀樹著；高秋雅譯 . -- 初版 . -- 臺北市：英屬維京群島商高寶國際有限公司臺灣分公司，2025.07
　面；　公分

譯自：逃げる勇気：あなたが明日を生きるために

ISBN 978-626-402-271-2(平裝)

1.CST: 行為　2.CST: 逃避作用　3.CST: 防衛作用
4.CST: 生活指導

176.8　　114006492

GOBOOKS
& SITAK
GROUP©